Charles Benoist

Le Pouvoir judiciaire dans la démocratie

Essai

ISBN : 978-1981688548

10 9 8 7 6 5 4 3 2 1

Charles Benoist

Le Pouvoir judiciaire dans la démocratie

Essai

Table de Matières

Introduction

Tous les jours, lorsque, au Parlement, dans le profond désordre où nous sommes, et dans le désarroi sans nom de tous les pouvoirs, un orateur invoque gravement « le grand principe de la séparation des pouvoirs » exécutif, législatif et judiciaire, il donne au monde un bel exemple de ce que les philosophes appellent le raisonnement verbal. Il débouche une de ces bouteilles où dorment « les paroles gelées, » les paroles qui n'enveloppent plus rien, auxquelles rien ne correspond plus dans la pratique de la vie ; et, par sa voix, ce sont des *morts qui parlent*. Dans les réalités de notre politique, nous sommes devenus des romantiques de la fantaisie la plus échevelée, qui brouillent les fonctions comme les autres brouillaient les genres ; mais, dans son vocabulaire, nous sommes demeurés des classiques, et pour nous, depuis que Montesquieu nous l'a révélé, il y a *trois pouvoirs* dans l'État, dans tout État ; pas un de plus, pas un de moins : « Il y a dans chaque État trois sortes de pouvoirs : la puissance législative, la puissance exécutrice des choses qui dépendent du droit des gens, et la puissance exécutrice de celles qui dépendent du droit civil… Lorsque, dans la même personne ou dans le même corps de magistrature, la puissance législative est réunie à la puissance exécutrice, il n'y a point de liberté… Il n'y a point encore de liberté si la puissance de juger n'est pas séparée de la puissance législative et de l'exécutrice… Tout serait perdu si le même homme ou le même corps des principaux, ou des nobles, ou du peuple, exerçait ces trois pouvoirs : celui de faire des lois, celui d'exécuter les résolutions publiques, et celui de juger les crimes ou les différends des particuliers [1]. »

Faut-il conclure de là que, présentement, en France, « il n'y a point de liberté » et que « tout est perdu ? » Mais le fait est, quelle que soit la doctrine, que les trois pouvoirs s'y mêlent et s'y confondent trop souvent deux par deux ; le législatif empiète sur l'exécutif, qui s'en venge en actionnant à l'occasion le judiciaire, sur lequel le législatif, à son tour, prend sa revanche en le domestiquant. Et ainsi s'introduit et s'installe l'anarchie, car il y a anarchie non seulement par défection, mais par confusion des pouvoirs. Il y a anarchie non seulement quand les rouages ne fonctionnent plus, mais quand un rouage ne fait plus ce qui est sa besogne propre et fait ce qui est la besogne d'un autre. Il y a anarchie quand les barrières s'abaissent et quand les frontières s'effacent entre les pouvoirs au point qu'on ne puisse plus distinguer les domaines ; et c'est, dans ces derniers temps, précisément ce que nous avons vu.

Je ne parlerai point ici des rapports de l'exécutif et du législatif : le mélange en est évident, depuis que se forment dans le législatif des comités de vigilance pour contrôler la manière dont le Président de la République exerce la seule prérogative qu'il ait en effet conservée : celle de choisir ses ministres, et depuis que ces mêmes comités ou leurs pareils pèsent jusque sur les actes les plus insignifiants de l'administration. Quant aux rapports soit de l'exécutif, soit du législatif (et particulièrement de ce dernier pouvoir) avec le judiciaire, je n'en dirai qu'un mot, à savoir qu'on ne nous a véritablement pas assez ménagé les raisons de nous demander si la politique se fait au Palais de Justice ou si la justice se rend au Palais-Bourbon. Et véritablement on a paru ne rien épargner pour nous faire croire que le judiciaire, sous la troisième République, avait un peu dépouillé son essence ou transformé sa nature pour devenir un nouvel outil de gouvernement, dans la main, toujours rude et lourde, du juge d'instruction. Ou, moins crûment, dans la France d'aujourd'hui, le pouvoir législatif et le pouvoir judiciaire ont eu de trop fréquents et de trop longs contacts. Le législatif a eu trop de prises sur le judiciaire par la recommandation, et le judiciaire trop de prises ou de reprises sur le législatif par l'incrimination. Il s'est tissé entre eux une trop large et trop forte toile de services et d'obligations, de gratitude et de crainte réciproques.

Le régime auquel peu à peu on aboutirait de la sorte serait un régime flottant, sans sécurité, sans stabilité, et qui irait, selon les cas, de l'omnipotence parlementaire, — les neuf cents Tyrans, — à une oligarchie judiciaire illimitée, inamovible, irresponsable : on aurait peine à en imaginer un pire. Le droit n'y serait plus que dans les formules : c'est l'arbitraire, le caprice, la fantaisie de celui qui fait la loi et de celui qui l'applique qui, alternativement, seraient dans les actes. Il est bien certain que là est un des dangers — et des grands dangers — de la démocratie : l'oppression réelle, la suppression finale du droit des citoyens, sous une phraséologie, pompeuse et tout enflée des droits du citoyen. Pour que ce péril

8

puisse être évité, il faut que tout le monde l'aperçoive, et, pour qu'on l'aperçoive, il faut que quelqu'un le dénonce hautement. Aussi n'est-il pas sans doute d'un intérêt purement spéculatif, et n'est-ce pas écrire pour écrire, mais écrire pour agir, et agir pour se défendre, pour défendre chacun de nous, que d'examiner ce qu'est le pouvoir judiciaire, quelles sont ses conditions particulières dans la démocratie, comment il y peut être rendu indépendant des autres pouvoirs, et comment les autres peuvent y demeurer indépendants de lui ; comment il y doit être organisé et quel rôle il y doit jouer ; ce qui revient, au fond, à étudier, sous son aspect positif et dans le fait, non dans les mots, — *res, non verba,* — la grande question de *l'Individu contre l'État*, ou plus exactement de *l'Individu en face de l'État*, c'est-à-dire la grande question de la liberté même.

Section I

 Mais, d'abord et au préalable, le pouvoir judiciaire est-il véritablement un pouvoir ? ou, si l'on veut, y a-t-il vraiment un *pouvoir* judiciaire ? Il s'est trouvé des théoriciens pour le contester, pour nier que l'on pût parler d'un *pouvoir* distinct des autres et placé avec eux sur un pied d'égalité, pair de l'exécutif et du législatif, qui serait le judiciaire [2]. Professeurs et jurisconsultes, rompus aux classifications, ils soutiennent, — et, en pure raison, ils ont raison, - — que le judiciaire n'est point proprement un pouvoir *politique*, et que même il a quelque chose, on ne veut pas dire de subordonné, mais de rigoureusement déterminé et d'étroitement lié à la loi telle qu'elle est [3], qui fait qu'en somme ce n'est pas « un pouvoir. » Ce serait plutôt, suivant eux, « une branche de l'administration publique, » au même titre que la police, et un peu au-dessus d'elle. *Théoriquement* donc, ces théoriciens peuvent avoir raison et, par certains côtés, leur thèse est assez spécieuse. Mais, historiquement, elle n'est pas très solide, et il est tel de leurs arguments qui s'appliquerait presque aussi bien au législatif ou à l'exécutif, lesquels, de l'aveu commun, sont pourtant des « pouvoirs. »

Sans se perdre en des querelles qui tourneraient vite à une logomachie, la vérité est que l'exécutif, le législatif et le judiciaire sont tous les trois, et ne sont que des fonctions du souverain, ou des modes de l'État. La fonction de juger ou *de dire le droit* est une fonction du chef, aussi bien que celle de *faire la loi* ou celle de *l'exécuter*. Elle est contemporaine, si même elle n'est pas antérieure, et elle n'est assurément point, — à considérer l'histoire, — inférieure aux deux autres. Je dis : « si même elle n'est pas antérieure, » et en effet il n'est guère douteux que l'on ait rendu la justice, une justice instinctive et rudimentaire, avant qu'il y ait eu une loi écrite, plus ou moins raisonnée et de plus en plus savante, avec un pouvoir spécial pour en garantir l'exécution : et que, très probablement, une certaine jurisprudence transmise oralement ait fait partie de cette coutume qui est devenue dans la suite une des sources, peut-être la principale source de la législation. Ces questions, au surplus, sont d'un haut intérêt, mais elles laissent à l'hypothèse une trop grande place pour que l'on puisse, sans risque de s'y égarer, entrer dans tous leurs détails.

Il suffit de constater que la direction générale du développement des institutions politiques est, en somme, celle-ci : A l'origine, tous les pouvoirs, qui sont *de fait* et s'appuient immédiatement sur la force, résident dans la personne du chef. On ne distingue pas entre « faire une loi, promulguer une loi, exécuter une loi [4]. » Juger est donc une fonction, et presque la première fonction du roi. Mais, de très bonne heure, il n'est pas seul à juger ; il lui est légalement permis de prendre pour assesseur « un juriste professionnel [5]. » C'est par-là, par l'adjonction comme assesseurs de juristes professionnels, que s'opérera, lorsque, plus tard, elle s'opérera, la première séparation de pouvoirs, celle de l'exécutif et du judiciaire : l'assesseur professionnel participe déjà au pouvoir judiciaire du roi et déjà le limite. Mais ce n'est pas tout, et de très bonne heure aussi, à côté du roi, il y a une réunion d'hommes libres, tantôt assemblée, tantôt tribunal, cour populaire, quand elle est convoquée pour la fonction de justice. Par conséquent, bien que tout roi fût nécessairement et obligatoirement un juge, tout le pouvoir judiciaire ne résidait pas dans la seule personne du roi. Il résidait alors dans l'union du roi et de la cour populaire. A ces cours anciennes, qu'est-ce donc que le roi apportait en propre ? Surtout la force exécutoire, c'est-à-dire qu'il était surtout l'exécutif dans le judiciaire. Et c'est-à-dire qu'à côté de son autorité, qui est surtout d'exécution, il y en a une autre, qui est surtout de décision ; bientôt les deux s'opposent, se défient, se rencontrent et se choquent. Le roi grandit aux dépens de la cour populaire ; d'abord, il la préside ou il la fait présider en son nom, par un homme à lui, le comte, qui remplace l'homme de la cour, le président élu.

Ainsi, voilà une institution, une justice, la justice royale, qui tend à absorber l'autre ; mais, en même temps, voilà deux parties du pouvoir qui, dans le roi lui-même, commencent à se séparer ; et, plus la justice royale l'emportera sur la justice populaire (ou, après elle, sur les justices seigneuriales), plus on distinguera dans le roi le chef politique et le juge. Il est, en premier lieu et *indistinctement*, le chef politique et le juge direct, puis il n'est plus, directement, que le chef politique, et le juge indirect, juge d'appel suprême, qui prononce en dernier ressort, mais qui, souvent, n'intervient pas de sa personne. L'assesseur professionnel, que le roi, autrefois, s'adjoignait seulement pour les cas difficiles, va prendre, à ses côtés, de plus en plus régulièrement, une place de plus en plus en évidence, jusqu'à ce qu'enfin il prenne, dans l'administration de la justice, non plus une place près du roi, mais la place du roi. Et, quand à ces assesseurs d'occasion auront succédé des assesseurs permanents ; lorsque la vie et la loi, d'un mouvement parallèle, se seront compliquées, et que la grossière et instinctive justice d'une assemblée sera par trop en retard sur elles ; quand ce sera toute une science que de connaître la loi et tout un art que de l'interpréter ; quand, à cause de cette difficulté croissante, la cour populaire ne pourra plus tenir devant le comité d'experts, de juristes, de légistes ; à ce moment, le pouvoir judiciaire sera presque séparé du pouvoir politique. Rejeté à la fois hors de l'assemblée et hors de la personne du roi, il ne se rattachera plus au pouvoir politique que par la fiction d'une délégation royale, et parfois, à son tour, quoique né de lui, il viendra en opposition avec lui, comme jadis la cour populaire avec la justice du roi.

C'est de cette façon et par cet instrument, un corps technique de magistrats, que s'est opérée la séparation du pouvoir judiciaire et du pouvoir politique. C'est de cette façon et par cet agent, une magistrature, qu'il s'est formé dans l'État, longtemps avant le législatif distinct, un pouvoir judiciaire distinct, et que ce qui n'était qu'une *fonction différente* est devenu un *pouvoir séparé*. Et c'est peut-être aussi ce qui explique que les plus ardents défenseurs du « principe de la séparation des pouvoirs, » en France notamment, ont toujours été des magistrats, des *parlementaires*, comme Montesquieu, par exemple, au XVIIIe siècle, et Jean Bodin dès le XVIe [6].

La question, à présent, est de savoir si cette séparation doit être absolue, ou plutôt, lorsqu'on veut bien sortir des abstractions, et ne voir que la réalité, il n'y a pas de question. « La *séparation* [7] complète dissoudrait l'unité, romprait le corps social. Les membres du corps physique, quoique distincts, sont *liés* entre eux. L'État, de même, exige *division* [8] et *liaison* des pouvoirs ; il ne comporte pas leur séparation. Il faut donc à la fois *unité de la souveraineté* et *division des organes* d'après les fonctions ; *division relative*, et non *séparation absolue*. » Il faut que les pouvoirs soient non point séparés jusqu'à se contrarier l'un l'autre, mais divisés pour ne pas se confondre, et liés pour ne pas se neutraliser. Il faut que ce soient des pouvoirs *coopérants* et dont l'indépendance n'aille pas jusqu'à *l'isolement*, mais néanmoins indépendants, et « il importe, comme l'a dit Washington [9], que les hommes qui participent aux affaires publiques d'un pays libre restent toujours strictement dans leur compétence, et se gardent d'empiéter sur celle d'autrui, car il est aussi nécessaire de retenir les pouvoirs dans leurs bornes que d'établir ces bornes mêmes. » C'est donc affaire de mesure ; mais où est la mesure, et qui la fera respecter ; les bornes établies, qui les maintiendra ?

Section II

Ce sera, dit Benjamin Constant, un quatrième pouvoir, *le pouvoir modérateur*, qui, dans l'État monarchique, est tout trouvé et n'est autre que le pouvoir royal. Dans l'État monarchique, « le pouvoir royal est, pour ainsi dire, le pouvoir judiciaire des autres pouvoirs. » Il est entre eux le commun arbitre, et cela, en effet, est conforme à la vérité historique, car, on vient de le montrer, les trois grands pouvoirs de l'État n'étaient originairement que des fonctions du prince, et le prince, qui était « le lieu d'unité » entre le chef politique, le législateur et le juge, tant que ces fonctions demeurèrent attachées à sa seule personne, fut pour chacune d'elles la limite et comme l'étalon, quand, l'une après l'autre, plus ou moins elles s'en détachèrent.

Mais, dans l'État démocratique, quelle sera la limite, quel sera l'arbitre commun, le pouvoir modérateur, le pouvoir judiciaire des autres pouvoirs ? En particulier, quel sera le pouvoir judiciaire du pouvoir judiciaire ? *Quis custodiet custodes* ? Les juges, c'est entendu, diront le droit. Il y aura des tribunaux qui le diront entre les particuliers ; d'autres qui le diront entre les particuliers et les pouvoirs publics ou l'État ; et d'autres qui le diront entre les différentes administrations, ou divisions de l'État. Il y aura un tribunal, le Tribunal des conflits, qui gardera telle administration des usurpations de l'administration voisine, et un tribunal, la Cour de cassation, qui, par le règlement de juges, assurera à chacun contre les tentatives du voisin sa juridiction. Et voilà le juge garanti du juge ; mais qui garantira du juge le justiciable ?

Il faut bien en convenir : dans l'État démocratique, tel qu'il nous est fait, le pouvoir judiciaire est, en pratique, devenu exorbitant ; et il y a là un danger d'autant plus sérieux qu'en pratique aussi, jamais les pouvoirs n'ont été moins séparés, et jamais on n'a vu plus de relations, de conjonctions et d'immixtions réciproques, jamais plus d'interdépendances entre le législatif ou l'exécutif d'une part, et le judiciaire de l'autre. Ou, si l'on veut poser en termes précis la même question : qui nous garantira que le judiciaire ne se fera point, contre chacun de nous, ou contre tel ou tel d'entre nous, l'exécuteur des œuvres plus ou moins hautes du législatif et de l'exécutif ? En termes plus précis et plus concrets encore : qui empêchera le juge de se faire l'instrument des ambitions, des cupidités, des rancunes, ou simplement des desseins politiques du parti à cette heure dominant ? Et s'il le fait, s'il se fait l'exécuteur des œuvres basses ou médiocres d'un gouvernement d'occasion, un outil ou une arme dans la main d'hommes de parti, quel recours aurons-nous ? devant qui ? et sera-ce bien la peine, en ce cas, d'avoir fait dix révolutions contre la tyrannie du prince, pour retomber ainsi sous le caprice effréné, l'arbitraire despotique, la tyrannie hypocritement légale du juge ?

Non vraiment, il ne nous aura servi de rien, et nous aurons même perdu au changement. Autrefois, en dernier ressort, nous eussions pu recourir au prince. Aujourd'hui, « le prince » n'est que par une fiction vaine, et qui ne trompe personne, placé en dehors et au-dessus des partis, mais, en réalité, il n'est qu'un chef d'État élu ; et ce chef d'État est toujours l'élu d'un parti ou d'une combinaison de plusieurs partis, dont, à moins d'être tout ensemble un grand esprit et un grand caractère, il reste, quoiqu'il en ait, le champion, quand il n'en est pas le prisonnier. Dans cette faillite du prince au peuple, — car, dès qu'il procède par privilège et par exclusion, dès qu'il manque à un citoyen, il manque au peuple, et, dès cet instant, il n'est plus « le pouvoir judiciaire des autres pouvoirs, » — à qui donc s'adressera-t-on ? Où sera la sauvegarde de la liberté, puisqu'en effet, s'il est bien d'avoir proclamé la liberté, il est mieux encore de ne pas croire avoir tout fait aussitôt qu'on l'a proclamée.

Ce n'est pas assez de dire : Je donne ; il faut donner, et ne pas reprendre, et ne pas souffrir qu'il soit repris. De là (observons-le incidemment) l'utilité, dans une démocratie, la nécessité d'avoir une constitution qui soit autre chose qu'un emmanchement boiteux et hasardeux des pouvoirs publics, qu'un démarquage de tous les systèmes ou une cote mal taillée entre tous les régimes ; la nécessité d'avoir une constitution qui soit, vis-à-vis de l'État et de ses trois pouvoirs et au besoin contre eux, la charte des citoyens, et qui le soit en termes clairs, formels et juridiques. Oh ! je sais que nous avons « les Immortels principes » et « la Déclaration des droits de l'homme ; » bien plus, trois Déclarations au moins des droits de l'homme, 1791, 1793 et 1795 ! Mais c'est comme si nous n'avions rien, et, au total, les ayant toutes trois, nous n'avons rien. Les Anglais, les Américains ont des droits, nous n'avons, nous, que des déclarations de droits ; ils ont une substance, nous avons du vent ; ils ont le fait, nous avons des phrases. Or, ces grandes phrases et ces grands mots, *sesquipedalia verba*, ces mots gonflés comme des outres, ces phrases si générales qu'elles sont universelles, si largement, si indéfiniment humaines qu'elles ne stipulent plus particulièrement pour personne en aucun temps ni dans aucun pays, et que, voulant atteindre l'homme, elles passent au-dessus des hommes : tout cela, toute cette rhétorique, toute cette musique, tout cet air artiste ment travaillé, un publiciste éminent, qui n'était pas Français, a écrit que l'esprit politique des Français en avait été troublé, étourdi, obnubilé [10]. Ce qui paraît sûr, c'est que, nul peuple au monde, ou, pour ne point exagérer, que chez nul peuple au monde, le citoyen n'a à un moindre degré la conscience de ses droits, et, gravant sur toutes les murailles consacrées le nom de la liberté, n'a moins le sens, et presque n'a moins le besoin de la liberté. Eh bien ! chez ce peuple, la démocratie étant désormais son lot, il faut que le citoyen apprenne à se défendre contre le gouvernement, contre le législateur, contre le juge, contre les trois pouvoirs de l'État ; il faut qu'il en ait un moyen légal, constitutionnel.

Que de fois on nous a conseillé d'imiter les Anglo-Saxons ! Cette fois le conseil est bon : imitons-les donc en ce point. Vous entendez déjà l'objection : l'Angleterre n'a pas de constitution écrite ; elle n'a pas d'institution spéciale pour la défense du droit individuel et de la liberté. Sans doute, mais l'Angleterre n'est pas une démocratie, ou ce n'est qu'une démocratie mêlée de monarchie et d'aristocratie ; elle a une coutume qui a force de loi, une tradition qui a force de constitution ; et l'on est d'ailleurs certain d'y trouver encore « le pouvoir judiciaire des autres pouvoirs. » Nous, nous avons rejeté ce pouvoir modérateur, nous n'avons ni coutume, ni tradition et nous sommes un pays de constitution écrite, qui veut, sans mélange de monarchie ou d'aristocratie, se constituer en démocratie. C'est, par conséquent, d'autres Anglo-Saxons, puisqu'ils se piquent de l'être, que nous devons imiter, et ce n'est pas vers l'Angleterre, c'est plus loin, vers un pays plus jeune, démocratique et de constitution écrite, qui n'a qu'une coutume empruntée et qui, du reste, en circonscrit l'action aux choses du droit civil, c'est vers les États-Unis que nos regards doivent plutôt se porter.

Section III

Dans la démocratie, cette sauvegarde, ce refuge ou ce recours, ce ne peut être qu'une juridiction supérieure ; et, en effet, dans la démocratie américaine, c'est la Cour Suprême des États-Unis. Elle a reçu comme en dépôt le pacte fondamental, et elle est, en quelque sorte, comptable des libertés constitutionnelles envers les citoyens qui, se croyant lésés par une loi, s'adressent à elle pour faire constater que cette loi qui leur cause un dommage ou leur crée une servitude viole la Constitution, et, par-là même, est à leur égard comme si elle n'était pas. Car la Cour Suprême ne décide que sur des espèces, elle ne tranche qu'un cas à la fois, seulement lorsqu'elle en est saisie, et seulement en ce qui touche la partie qui l'a saisie. C'est aux citoyens, en multipliant les cas particuliers, à créer l'équivalent d'un obstacle absolu, mais l'on se doute que cet obstacle absolu est assez vite créé : lorsque la Cour Suprême a jugé qu'une loi n'est pas applicable à telle personne, ni à telle autre, et qu'on arrive à un certain nombre de personnes auxquelles elle est déclarée non applicable, elle n'est plus, la conséquence en est forcée, applicable à personne. Cependant la Cour Suprême des États-Unis demeure ainsi dans son rôle de cour de justice ; ainsi elle habitue les citoyens à la garde, à l'exercice et aux batailles de la liberté ; et ainsi elle met un frein aux fantaisies législatives, sans que les pouvoirs soient confondus et sans qu'elle se mêle de résoudre des questions politiques.

Elle ne décide que sur des espèces et ne tranche que des cas particuliers, un seul cas à la fois. C'est là, comme le remarque sir Henry Maine [11], une méthode anglaise, tout opposée à la méthode française des déclarations oratoires ou philosophiques, et bien autrement efficace, soit comme tutelle, soit comme discipline : « Jamais proposition générale n'est formulée par un tribunal anglais, à moins qu'elle ne résulte des faits qui sont actuellement soumis à son appréciation. Le succès de la Cour Suprême aux États-Unis provient pour une grande part de ce qu'elle a adopté ce mode de décision dans les questions de constitutionnalité et d'inconstitutionnalité. »

Cette cour, c'est la Constitution elle-même qui l'a instituée : la Constitution fédérale, dont l'esprit est que les autorités exécutive et législative n'ont aucun pouvoir en dehors de ceux qu'elle leur confère expressément [12]. Si donc l'une de ces autorités, l'exécutif dans un de ses actes, le législatif par une loi, s'arroge quelque pouvoir que la Constitution ne lui a pas donné, la Cour Suprême a qualité pour l'empêcher et ramener dans ses limites l'autorité qui les déborde. Ou plutôt, elle aura qualité pour empêcher un excès de pouvoir, quand des individus, des États particuliers ou les États-Unis eux-mêmes se seront adressés à elle, comme parties intéressées. Une question d'inconstitutionnalité se trouve-t-elle soulevée dans une controverse de ce genre ; alors, la Cour Suprême la résout en interprétant la Constitution. Mais elle ne la résout que pour cette controverse, non pour d'autres, et à l'égard de la partie plaignante, non pour d'autres. « Une déclaration d'inconstitutionnalité qui n'ait pas été provoquée par un litige défini est chose inconnue à la Suprême. » Sa prérogative n'est susceptible que d'une action indirecte ; elle n'est mise en jeu que dans un cas déterminé, à l'endroit de tel intéressé, en tel débat pendant devant elle.

Mais, surtout, jamais de proposition générale ; la Cour Suprême s'en abstenant rigoureusement, un gros écueil est évité. Ce ne serait pas sans provoquer des jalousies et des défiances, sans soulever des conflits redoutables, qu'on soumettrait à un corps judiciaire, sous une forme doctrinale, des propositions politiques ; et tout spécialement dans une démocratie. « Dans les gouvernements populaires, la crainte ou l'envie de toute autorité qui ne serait point directement déléguée par le peuple est cause que la solution de la difficulté a été trop souvent abandonnée au hasard ou à l'arbitrage des armes. »

Et sans doute, quand il rêve une cour de justice chargée de décider sur les prétendues violations d'une règle ou d'un principe constitutionnel, « l'étranger » pense naturellement à une de ces consultations politico-judiciaires en forme doctrinale ; et c'est pourquoi il n'a rien contre une violation possible de la Constitution que « le hasard ou l'arbitrage des armes ; » c'est pourquoi il n'a, tout au plus, contre ces transgressions possibles, que les fabricants de constitutions sont partout obligés de prévoir, *que des sanctions de droit criminel*, comme la mise en accusation du coupable, et non pas une sanction de droit civil. Mais les Américains ont vu le piège : ils n'y sont point tombés ; et c'est pourquoi ils ont, contre les violations de la Constitution, autre chose que l'inutile et impuissante sonorité d'une déclaration des droits du citoyen, autre chose que le hasard, autre chose que l'insurrection, autre chose qu'une sanction, — toujours un peu fictive et qui souvent, si elle n'était pas fictive, serait excessive, et qui, étant souvent excessive, est la plupart du temps caduque, — de droit criminel : c'est pourquoi ils ont, contre toute tentative d'usurpation de l'exécutif ou du législatif, *une sanction de droit civil.*

C'est pourquoi encore les Américains, ayant un moyen pratique de maintenir le législatif dans les bornes que la Constitution lui a tracées, restent fidèles au système, conçu par eux comme idéal, *de parlementarisme limité*, « système dans lequel, par extension, tous les juges, soit fédéraux, soit d'État, ont le pouvoir, en leurs sphères respectives, de prononcer sur la validité de chaque loi, qu'elle émane de la législature fédérale ou d'une législature d'État [13] ; » à la différence du système anglais, où la Constitution n'impose point de frontières à l'assemblée législative et qui aboutit à un parlementarisme illimité ; à la différence, surtout, des mauvaises traductions ou adaptations de ce système que l'on s'est ingénié depuis un siècle à faire sur le continent, où la puissance législative est presque infinie, où le Parlement, suivant l'adage, peut tout ce qu'il veut, hormis changer un homme en femme ou une femme en homme, et où encore, quoiqu'il ne le puisse pas, pour peu qu'il le veuille, il lui est permis de perdre son temps et notre argent à l'essayer [14].

Si maintenant la Cour Suprême des États-Unis a eu ou n'a pas eu un prototype dans l'histoire ; si c'est ou si ce n'est pas « une création virtuellement tout originale des fondateurs de la Constitution américaine » ; si la procédure qu'elle suit est ou n'est pas une procédure spécifiquement anglaise ; et si, en se conformant à la jurisprudence de l'ancienne métropole, la Cour Suprême devient ou ne devient pas une source, non seulement de droit américain, mais de droit anglais ; c'est un problème ou ce sont autant de problèmes qui ont de quoi passionner peut-être des Anglais ou des Américains. — Mais nous qui sommes des « étrangers, » et de ceux-là précisément que leur penchant ne porte que trop, « lorsqu'ils rêvent une cour de justice chargée de décider sur la violation d'une règle constitutionnelle, » à lui soumettre le litige, oubliant qu'ils sont devant un corps judiciaire, sous forme de proposition politique, et de proposition générale ; nous, donc, contentons-nous de relever ces trois points :

1° La Cour Suprême des États-Unis *ne juge que sur des espèces, uniquement quand elle est saisie, et uniquement pour le cas dont elle est saisie* ;

2° *Elle assure aux Américains, contre les violations de la Constitution, une sanction de droit civil*, qu'il appartient à chaque citoyen de rendre effective en ce qui le concerne, tandis que les sanctions ordinaires de droit criminel ne peuvent être rendues effectives que par l'intervention d'un des pouvoirs publics en cause, et qui, par conséquent, n'auront garde d'intervenir.

3° *Elle maintient et perpétue le système américain du parlementarisme limité*, et elle établit, à elle seule, une protection utile contre les abus du pouvoir législatif, ou du pouvoir exécutif [15].

Cela suffit, et cela nous dispense de nous attarder à montrer comment la Constitution des États-Unis complète cette protection du citoyen ; comment elle permet « aux cours inférieures que le congrès pourrait instituer » de concourir, chacune à son rang et dans la mesure de sa juridiction, à la défense de la liberté contre l'omnipotence de la loi, et de l'individu contre l'État ; du haut en bas de la hiérarchie judiciaire, le principe est le même, la procédure serait la même [16].

Mais si, avec la Cour Suprême, les citoyens des États-Unis ont, dans le judiciaire, une sauvegarde efficace contre les dérèglements de l'exécutif et du législatif, où trouver, dans le judiciaire, une sauvegarde contre les entreprises du judiciaire même ?

A Dieu ne plaise que nous rouvrions, à ce sujet, le classique et déjà antique débat sur « le jugement par jurés [17], » considéré comme un des articles fondamentaux du programme républicain, comme une des clauses nécessaires du contrat social démocratique. Cette question, et d'autres questions voisines, sont, à notre avis, non pas certes sans importance, mais d'une importance bien moindre qu'on ne l'a longtemps cru et fait croire. Unité du juge ou pluralité des juges, présence ou absence du jury tant au civil qu'au criminel, permanence en un lieu ou déplacements périodiques des tribunaux, rien de tout cela n'est une condition ni un dogme de la démocratie.

Ce ne sont que des formes de la justice, et ces formes, quelque intérêt et de quelque ordre qu'elles présentent, peuvent être et sont, dans le fait, déterminées par des circonstances locales. En elles-mêmes et par elles-mêmes, elles n'offrent point la garantie que nous voudrions trouver, dans le juge, pour le justiciable, et contre les abus des autres pouvoirs de l'État, et contre les excès du pouvoir judiciaire tout le premier. En fin de compte, il se peut bien qu'après l'institution d'une cour suprême, imitée, en ses œuvres vives, de celle des États-Unis, contre les empiétements du pouvoir exécutif et du pouvoir législatif, une des meilleures garanties, pour le justiciable, contre les entraînements ou les défaillances du juge, contre ses colères ou ses complaisances, soit encore, et tout bonnement, dans le choix du juge.

Section IV

Or, il n'y a guère que deux manières de choisir les juges : la nomination par le gouvernement ou l'élection par le peuple ; et si l'une et l'autre a ses avantages, l'une et l'autre également a ses inconvénients : laquelle donc présente le plus d'avantages ou le moins d'inconvénients ? Les vices de l'élection sont publics, ils s'étalent, et le spectacle de ce qu'elle donne dans l'ordre politique n'est pas fait pour encourager à l'introduire dans l'ordre judiciaire. Ici, je ne veux pas dire que les résultats seraient pires encore, les produits plus défectueux, les conséquences plus funestes ; mais, à coup sûr, ils seraient aussi mauvais, et nous serions doublement à plaindre quand à l'ignorance, au manque de préparation, à la médiocrité du législateur seraient venus s'ajouter l'ignorance, le manque de préparation, la médiocrité du juge. Et cependant c'est une fatalité contre laquelle il n'y a pas à s'insurger, c'est, pour employer un mot peut-être un peu ambitieux, une loi contre laquelle il n'y a pas à récriminer, que le suffrage universel débridé, abandonné à lui-même, glissant de toute sa force et à toute vitesse sur sa pente naturelle, abaisse et rase tout ce qu'il touche. Il en serait, avec l'élection, du juge comme du législateur. Et si d'aventure il se trouvait, comme il s'en trouve quelques-uns dans les élections politiques, certains candidats qui dédaigneraient certaines pratiques et se refuseraient à certaines compromissions, comme les autres, ceux-ci ne seraient point élus. Ici, du reste comme ailleurs, le mal de l'élection s'aggraverait et s'exaspérerait des maux de la réélection ; ce serait, à chaque renouvellement de mandat, une surenchère, et, plus le terme des mandats serait court, plus les risques et le péril augmenteraient.

Et puis pour finir par quoi ? Par établir, ayant déjà une législation de parti, une justice de parti, c'est-à-dire encore par doubler le poids du joug que sont contraintes à porter les minorités du moment, et par leur couper le dernier accès qu'elles puissent avoir à la vraie justice. Mais, en outre, à quelles extrémités ne serait-on pas conduit et réduit, si la majorité, — ce qui pourrait parfaitement arriver, — dans le même collège électoral ou sur l'ensemble du pays, était autre pour l'élection du judiciaire que pour l'élection du législatif ? Le législatif tirerait en un sens, le judiciaire en sens contraire ; les lois que le législatif ferait, le judiciaire ne les appliquerait pas ou les appliquerait de travers ; la lutte des partis continuerait et se prolongerait jusque dans l'action des pouvoirs ; et c'est un nouveau facteur d'anarchie qui s'irait joindre à tous ceux dont nous sommes travaillés déjà. Comme si nous en manquions et comme s'il en fallait un de plus !

Ce qui s'est passé en France même, il y a une centaine d'années, nous est, au demeurant, un avertissement précieux. On a vu, à Paris, aux élections faites conformément à la loi d'octobre 1792, figurer, sur une liste de cinquante et un juges et suppléants, à côté de douze « hommes de loi, » un peintre, deux graveurs, un ciseleur, deux employés, deux commis, un jardinier, etc. » fort honnêtes gens, c'est possible, mais professionnellement peu aptes à juger. Et s'il en était ainsi des juges à Paris, songez à ce qu'il en devait être des juges de paix au fond des provinces : « Dans les campagnes, écrivait en l'an IX Redon, l'un des commissaires chargés de l'enquête sur la situation de la République, les maires ne savent pas lire, les juges de paix n'ont aucune idée des lois [18]. » Goûtez-vous, rétrospectivement, la douceur de vivre sous un tel régime, dans une de ces bergeries sociales à la mode du XVIIIe siècle où les ânes, quand ce ne sont pas les loups, portent la houlette ? Rien qu'à s'en souvenir, ne se sent-on pas tout à l'aise, et, tandis que les bons se rassurent, les méchants ne tremblent-ils point ?

Le grand avantage, et le seul peut-être de l'élection des juges par le peuple, c'est de les soustraire à la pression gouvernementale ; mais la pression électorale vaut-elle mieux ? N'est-elle pas plus brutale encore, et, après tout, l'élection même les soustrairait-elle aux ingérences et aux interventions incorrectes du gouvernement ? Ou ne seraient-elles pas seulement plus détournées, plus déguisées, mais, en somme, le juge élu ne serait-il pas exposé tout ensemble et aux exigences électorales et aux directions gouvernementales ? De telle sorte que l'unique avantage qui, en apparence, restait à l'élection, en réalité, n'en serait pas un, et finalement se résoudrait en un inconvénient encore.

Avec la nomination des juges par l'exécutif, au contraire, on échappe à la plupart des maux dont nous menacerait l'élection. Du moins on y échapperait, si le choix était toujours bien fait, s'il n'y entrait point d'autres considérations que le culte de la justice et l'intérêt du justiciable. Mais comment éviter qu'il y en entre d'autres ? Comment obtenir toujours de bons choix ? et comment exclure toujours la faveur ? Exclure la faveur ! on ne l'a jamais pu, depuis les temps où le juge n'était pour le chef rendant la justice qu'un conseiller sachant le droit, autrement dit du plus loin qu'il y ait eu des juges. Mais on le pourrait moins que jamais dans une démocratie toute parlementaire, où, le législatif étant devenu incontestablement le premier pouvoir de l'État, si c'est l'exécutif qui nomme, c'est le législatif — j'entends tel groupe, tel syndicat, telle coterie de membres du législatif — qui impose.

Et, phénomène curieux, qui se développe devant nous, mais que nous ne paraissons pas apercevoir : dans notre démocratie toute parlementaire, et par elle, et sur nous, aux approches de l'an 1900, il se forme ou il se reforme *une féodalité*. Je le dis sans nulle intention de paradoxe, et en donnant aux mots la plénitude historique de leur sens. Oui, dans tous les emplois publics, nos cinq cent mille fonctionnaires sont, aux degrés différents de l'échelle féodale, les vassaux de ces gros seigneurs de la démocratie parlementaire que sont nos 880 sénateurs et députés. Et cette féodalité, comme l'autre, se fonde par la *commendatio*, la « recommandation ; » — ce mot aussi, prenons-le dans son sens absolu. De nos jours, l'homme qui cherche une situation vient trouver un député ; il « se recommande » à lui, se remet « en ses mains », se fait « son homme ; » moyennant quoi, le député le protège et le nourrit, ce qui signifie qu'il le « case » et lui procure sa subsistance à même quelque budget d'État, départemental ou municipal. Mais l'homme, préfet, sous-préfet, percepteur, agent voyer, cantonnier, facteur, — ou juge, — lui doit le service ordinaire et le service extraordinaire, le service dans la paix, entre deux élections, et le service dans la guerre, en temps d'élection, pour lequel le seigneur parlementaire convoque le ban et l'arrière-ban. Et quand le vassal, fonctionnaire ou magistrat, a fidèlement accompli ces devoirs de paix et de guerre, comme le suzerain, qui lui a promis récompense, a sa parole à dégager, et comme le législatif est le maître, le gouvernement acquitte, à nos frais, la dette du député, des 580 députés (ou de ceux de la majorité tout au moins), et, s'il y a encore un exécutif, il « s'exécute » bien plus qu'il n'exécute. Après tout ce que nous venons d'en dire, on ne nous accusera pas, — ou ce serait à tort, — d'avoir dissimulé les inconvénients que comporte, pour sa part, la nomination des juges par le chef de l'État, ni d'avoir feint d'ignorer les motifs, parfois étrangers au mérite, qui peuvent dicter le choix. Mais, tout pesé, la nomination est préférable encore à l'élection, surtout avec réélections successives, et surtout avec réélections rapprochées. C'est prendre parti du même coup pour l'inamovibilité de la magistrature ; mais l'inamovibilité elle-même peut, dans l'occurrence, avoir ses dangers ; si, par exemple, ce juge dont nous ne pourrons plus nous défaire, jusqu'à l'âge avancé de la retraite, était nommé à la faveur, tout exprès pour servir un parti politique. L'inamovibilité, qui est une précaution, appelle donc elle-même une autre précaution ; et c'est que la nomination des juges par l'exécutif ne soit pas tout à fait un acte du bon plaisir de l'exécutif.

Il faut lui donner le moyen de soutenir et de repousser l'assaut que lui livre le législatif pour emporter, — qu'on nous passe cet « à peu près » involontaire, — pour emporter « la place. » Il faut le fortifier contre le législatif et contre lui-même. Mais le moyen ? Ne pourrait-on pas décréter que les magistrats seront nommés par le chef de l'État, sur la proposition du Garde des Sceaux, et sur la présentation ou après avis d'un Conseil supérieur de la justice, qui ne serait autre que cette cour suprême, dont l'institution à tant d'égards est si désirable, laquelle serait très peu nombreuse et par conséquent très qualifiée pour remplir le rôle de Conseil ? Ainsi qu'auprès du ministre de la Guerre il y a — ou il y avait — un Conseil supérieur de la Guerre, auprès du ministre de la Justice il y aurait un Conseil supérieur de la Justice, qui serait la Cour Suprême de France. Comme celle des États-Unis, elle se composerait de neuf membres et se formerait en quelque sorte automatiquement, disons : des trois plus anciens conseillers à la Cour de cassation (qui ne pourraient, étant les plus anciens, avoir été nommés pour la circonstance), des trois plus anciens conseillers d'État, et des trois plus anciens membres de la section de législation de l'Académie des Sciences morales et politiques (ou des trois plus anciens premiers présidents de cour d'appel, etc.). A cette condition, l'inamovibilité pourrait et devrait être étendue le plus possible, car on aurait fait tout le possible afin d'écarter ou de diminuer les causes d'erreur dans le choix des personnes. Et s'il en reste, comme il en restera certainement, il faudrait se consoler en pensant que, quoi qu'on fasse, on n'aura jamais que des hommes pour gouverner et pour juger les hommes.

Section V

En résumé, la Cour Suprême de France aurait pour mission essentielle *la défense de la liberté*. Elle ferait respecter par tous les pouvoirs, même par le législateur, la loi constitutionnelle et les droits nécessaires du citoyen, pour la sauvegarde pratique et efficace duquel toutes nos déclarations mises bout à bout ne valent certainement pas un arrêt de la Cour Suprême des États-Unis.

Les détails seraient d'ailleurs à étudier. Nous n'avons voulu, aujourd'hui, que poser le problème dont voici le bref énoncé : Étant donné que le régime parlementaire, tel qu'il fonctionne actuellement chez nous, aboutit à placer le judiciaire dans la dépendance du législatif, de qui dépend déjà l'exécutif, et par suite à la confusion des pouvoirs ou à la réduction en fait des trois pouvoirs à un seul, à leur absorption en lui ; comment mettre un terme à cette confusion, comment libérer en même temps l'exécutif et le judiciaire, et, par l'indépendance suffisante de chaque pouvoir, garantir la liberté des citoyens ? — Réponse : En substituant *au parlementarisme illimité, à l'anglaise, le parlementarisme limité, à l'américaine.* — Mais comment opérer cette substitution ? Comment « limiter le parlementarisme ? » — Réponse : Par l'action régulière d'une haute juridiction qui, comme la Cour Suprême des États-Unis, veillera, quand elle en sera requise dans les formes et pour des cas nettement spécifiés, à ce que le législatif lui-même ne franchisse pas les bornes constitutionnelles.

L'institution d'une Cour Suprême de France rendrait à la démocratie ce « pouvoir modérateur, » ce « pouvoir judiciaire des autres pouvoirs » qu'elle n'a plus ; elle l'enrichirait d'un organe dont elle ne saurait se passer plus longtemps ; et, s'il est permis de le répéter encore, elle contribuerait puissamment à cette « organisation de la démocratie, » qui est, dans l'état présent des choses, la seule question politique à laquelle il vaille la peine de s'intéresser, et la seule œuvre politique à laquelle il vaille la peine de se dévouer.

Notes

1.   Esprit des lois, livre XI, chap. VI. De la Constitution d'Angleterre.

2.   Voyez, sur l'égalité ou la hiérarchie des pouvoirs, Bluntschli, Théorie générale de l'État, traduction française de M. A. de Riedmatten, p. 458, 459.

3.   Ainsi Kant, Rechtslehre, et Spittler, Vorlesungen über Politik.

4.   Voyez sir Henry Sumner Maine, Études sur l'ancien Droit et la Coutume primitive, traduction française, p. 214 et suiv. Le chef, du reste, légifère peu ; il légifère surtout indirectement par les sentences rendues qui, s'ajoutant les unes aux autres, forment une espèce de corps de droit, de corpus juris primitif. Quant à l'exécutif et au judiciaire, ils ne font réellement qu'un seul pouvoir en une seule personne, ce qui est naturel, puisque, des trois pouvoirs, le judiciaire est celui qui met le plus fréquemment et le plus nécessairement en jeu la force de coercition, attribut essentiel de l'exécutif. C'est ce qu'on exprime, pour Rome, en disant que « celui qui a l'imperium a dans la même mesure juridictio, et que les magistrats cumulent régulièrement des attributions de gouvernement et de justice. »

5.   Par exemple, dans l'ancienne Irlande. — Cf. notre livre : la Politique.

6.   Voyez la République de Jean Bodin.

7.   Bluntschli se sert, en ce cas, du mot Trennung. — Voyez Théorie générale de l'État, traduite en français par M. A. de Riedmatten, p. 458. — Cf. Holtzendorff, Principes de la Politique,

traduction française, par M. Ernest Lehr, § 100, 102, p. 180, 181.

8.   Dans ce second cas, Bluntschli emploie le mot Sonderung. — Ibid.

9.   Discours d'adieux de 1796.

10.   Il a même dit « abêti. » — Sir Henry Maine, Le Gouvernement populaire.

11.   Essais sur le Gouvernement populaire, La Constitution fédérale des États-Unis ; traduction française, p. 313.

12.   Id. Ibid., p. 303 et suiv. — Cf. A. Dicey, Le Gouvernement fédéral, dans la Law Quarterly Review de janvier 1885.

13.   Hannis Taylor, The Origin and Growth of the english Constitution. Part I, The Making of the Constitution. Introduction, English Origin of the federal Republic of the United States, p. 72-74.

14.   Cf. Austin, Province of Jurisprudence, lect. VI.

15.   Sur la Cour Suprême en général, voyez Willoughby, Supreme Court of United States, — Cf. H. A. Herbert, The Supreme Court in Politics, read before the Alabama State Bar Association, août 1883 ; James Bryce, The american Commonwealth ; et G. Ellis Stevens, Sources de la Constitution des États-Unis, traduction de M. Louis Vossion, p. 194. — Sur les rapports du Président avec le pouvoir judiciaire, voyez Adolphe et Pierre de Chambrun, Le Pouvoir exécutif aux États-Unis ; et l'article du duc de Noailles : Le Pouvoir judiciaire aux États-Unis, dans la Revue du 1er août 1888.

16.   Voyez Georges Picot, La Réforme judiciaire, II, les États-Unis et la Suisse, dans la Revue du 1er janvier 1881.

17.   Cf. Canovas del Castillo, Problemas contemporaneos, t. III, El juicio por jurados.

18.   Voyez Arthur Desjardins, La Magistrature élue, dans la Revue du 1er août 1882.

ISBN : 978-1981688548

www.ingramcontent.com/pod-product-compliance
Lightning Source LLC
Chambersburg PA
CBHW071051260726
48660CB00008B/3174